넌 혼자가 아니야

자해 제대로 알고 대처하기

피부에 남은 흉터는
힘든 일을 이겨 낸 상징이 될 거야.
기억해! 넌 혼자가 아니야.

넌 혼자가 아니야

자해 제대로 알고 대처하기

글 푸키 나이츠미스
글·옮김 안병은, 문현호
그림 음미하다

다림

나는 지난 몇 년 동안 밤마다 아이들을 재우기 위해 비슷한 동화를 들려주곤 했다. 그러던 어느 날 아이들이 잠자리에 들지 못했다. 항상 들려주던 책과 노래는 아무런 소용이 없었다. 그 당시 나는 매우 피곤한 상태였기 때문에 더 있다가는 녹초가 될 지경이었다. 그 순간 어디에선가 들었던 이야기가 떠올랐다.

이야기는 이렇게 시작된다. 어느 날 몰리, 로즈 그리고 에단이라는 세 명의 여자아이들이 학교 수업을 마치고 집으로 걸어가고 있었다. 그런데 길 한가운데 큰 바위가 하나 있었다. 사람들이 지나다니는 데 불편할 거라 생각한 아이들은 힘을 모아 바위를 옮겼다. 땅 밑에는 금이 가득 들어 있는 큰 항아리가 묻혀 있었다. 항아리에서 작은 요정이 나와 아이들에게 말했다. 지금껏 이 길로 다닌 사람들은 바위를 그저 피하거나 불평을 늘어놓기만 했을 뿐 직접 치운 적은 없었다면서, 착한 일을 한 대가로 항아리에 있는 금을 가져가라고.

착하고 선한 행동 덕분에 부자가 되었다는 어찌 보면 뻔한 이야기이다. 아이들은 이 이야기를 매우 좋아했다. 그 이후 나는 비슷한 이야기를 수백 개나 만들어 냈다. 이야기가 끝날 무렵 아이들이 무척이나 행복한 모습으로 잠자리에 들었기 때문이다.

이처럼 어떤 것이 효과가 있으면 그것을 멈춰야 하는 이유가 수없이 존재한다고 해도 그만두기가 쉽지 않다. 아이들이 스스로 잠자리에 들도록 하는 게 더 나았을까? 아마도 그럴 것이다. 하지만 너무 고단한 나머지 피곤함에 찌든 채 아이들의 아우성을 감내해야 하는 감정적인 압박에 시달린다면, 아마 여러분도 그 상황에 가장 효과적인 행동을 할 것이다.

자해도 마찬가지이다. 자해는 스트레스 상황이나 문제로부터 주의를 돌리게 하고, 감당하기 힘든 감정을 가라앉혀 준다. 누군가에게 자해는 자살에서 벗어나는 방법이기도 하다. 어쩌면 극심한 아픔을 겪고 있는 상황에서 그것을 멈추려면 뭐라도 해야 했기에 처음에는 우발적으로 자해를 했을지도 모른다. 하지만 자해를 다시는 하지 않으리라 다짐해도 또 하게 된다. 그만둬야 하는 수많은 이유를 떠올리면서도 자해만 한 다른 방법이 없어서이다. 자해를 하면 그 순간만큼은 그 상황에서 눈을 돌릴 수 있으니까.

하지만 자해의 다른 측면도 있다. 길게 보면 자해는 효과가 없다는 것이다. 자살할 마음이 없어도, 오랫동안 자해를 한 청소년들의 경우 자살로 이어질 위험이 더 크다는 연구 결과가 있다. 자해와 더불어 우울증을 호소하고 약물을 남용하는 청소년들은 특히나 자살을 시도할 위험성이 높다고 한다.

여러분을 겁주려고 이 자료를 공개하는 것이 아니다. 이 책을 읽고 있다는 것 자체로 이미 두려워할 필요가 없음을 말하려고 하는 것이다. 여러분은 아마 자해를 멈추고 싶거나, 그런 사람을 돕고 싶어 이 책을 펼쳤을 것이다. 그런 면에서 이 책은 아주 큰 도움이 된다. 저자 푸키는 누가, 왜, 언제, 어떻게 자해하는지에 대하여 대단한 통찰력을 지니고 있다. 그녀는 그 어떠한 것도 함부로 판단하지 않으며 여러분을 조건 없이 받아들이는 마음으로 바라본다.

언젠가 아이들이 '몰리, 로즈, 에단'의 이야기를 들려 달라고 조르지 않는 날이 오리라 믿는다. 조금만 더 나이를 먹으면 자연스럽게 스스로 잠이 드는 때가 올 것이다. 대부분의 사람들이 해가 지나면서 자연스럽게 자해 행동에서 벗어나는 것처럼 말이다.

이 책은 여러분에게 정말 큰 도움이 되리라고 생각한다. 며칠

안에 큰 변화를 일으키기 충분한 정보가 들어 있다. 압도적인 감정과 위기의 순간을 조절하고, 다른 사람의 도움을 받는 방법 등을 포함해 자해에 대한 모든 것을 친절하게 설명한다.

저자는 자해를 극복하는 게 어느 날에는 조금 더 쉬울 수도 있지만, 또 다른 날에는 어려울 수도 있다고 이야기한다. 만약 여러분이 자해로부터 벗어나기 위한 첫걸음을 내디딜 준비가 되었다면 이 책은 더할 나위 없이 큰 도움이 될 것이다. 그리고 이미 그 길을 걷고 있는 사람들에게는 이 책이 훌륭한 동반자가 될 것이다. 마지막으로 만약 사랑하는 누군가가 자해를 하는데, 그 이유를 이해하고 자신이 할 수 있는 게 무엇인지 알고 싶다면 이 책은 여러분을 위한 것이다.

자살 분야 전문 교수
조나단 B. 싱어

조나단 B. 싱어 JONATHAN SINGER 시카고 로욜라대학교 사회복지학과 조교수이자 연구원이다. 그는 20여 년간 위기에 처한 가족을 도우며 헌신해 왔다. 공동으로 작업한 책 《교내 자살》을 포함하여 50권의 출판물을 출간하였다. 또한, 수상 경력이 있는 팟캐스트 시리즈인 '소셜 워크 팟캐스트'의 개설자이자 진행자이다.

자해
이해하기

차례

자해
대처하기

나는 어셔라고 해.

열네 살이고
또래의 평범한 아이들과 비슷해.

학교 하키 팀에 소속되어 있고, 친구들과 노는 걸 좋아해.

음악을 듣거나 에스앤에스(SNS)도 즐겨 하지.
내 또래의 친구들처럼 말이야.
하지만 엄마는 내가 에스앤에스를 너무 많이 한다고 말해.

나는 엄마랑 강아지 버디와 함께 살고 있어.
내가 다른 친구들과 조금 다른 게 있다면

바로 감정을 주체하기 힘들 때,
그 감정을 조절하기 위해서

자해할 때가 있다는 거야.

자해
이해하기

자해란
뭘까?

자해는 아주 범위가 넓은 개념이라
한마디로 딱 잘라서 설명하기 어려워.

나는 내 몸을 칼로 긋거나
할퀴는 방법 등으로 자해를 해.

내 친구 안넬리는 진통제나 수면제 등과 같은 약물을 과다 복용해.
마이키는 화가 나면 벽이나 문을 주먹으로 쳐.

니나는 다른 친구들과 달리 자기 몸을 해하지 않아.
하지만 자신을 돌보지 않지. 건널목을 건널 때 주위를 살피지도 않고,
음식도 제대로 안 먹고, 잠도 충분히 자지 않아.

자해의 종류가 다양하다는 것을 알지 못하면
사람들은 자신이 자해를 하고 있다는 사실조차 모를 수 있어.

그럼, 도움이 필요한 상황임에도
아무 소용없을 거라는 생각에 도움을 요청하지 않게 되지.

그리고 꼭 기억할 것이 있어.
자해 방법을 친구들에게 자세하게 말해 줄 필요는 없어.
어떻게 자해하는지 알려 주는 꼴이 될 수 있거든.

누가
자해를 할까?

자해는 나이, 성별, 인종 등 그 어떤 것에도 상관없이 일어나. 문제는 자해가 예전보다 훨씬 흔해졌고, 이전보다 어린 나이 대에서부터 벌어지고 있다는 거야.

사람들은 자해를 10대 청소년들만 한다고 생각하는 경향이 있어. 하지만 그건 사실이 아니야.

또, 자해를 한두 번 시도한 경험이 있더라도, 겪고 있던 문제가 괜찮아지거나, 자해해도 기분이 풀리지 않으면 두 번 다시 자해를 하지 않는 사람들도 있어. 하지만 그와는 반대로 몇 주, 몇 달, 심지어는 몇 년 동안이나 자해와 계속 씨름하는 사람들도 있지. 자해를 가끔 하는 사람이 있는가 하면 하루에도 몇 번씩 하는 사람도 있고 말이야.

관심을 끌기 위해
자해를 한다고?

어떤 사람들은 단지 관심을 끌려고 자해를 한다고 생각해.

만약에 정말 그런 이유로 자해를 한다고 해도, 자해하는 사람을 비난하기 전에

'왜 그들이 관심을 바랄까?' 혹은 '내가 어떻게 도울 수 있을까?'

의문을 품어 봤으면 해.

우리의 생각과 달리 비밀리에 자해하거나, 상처를 감추고,
눈길이 잘 닿지 않는 신체 부위에 자해하는 사람들도 있어.
이런 것은 분명 관심을 끌려는 행동이 아니야.
자해 사실을 감추는 사람들은
도움을 요청하기 힘들다고 생각할지도 몰라.

최근 한국에서 자해 인증샷을 에스앤에스에 올리고 자해 도구나 방법을 공유하는 게시물이 급증하면서 청소년들이 자해에 무방비로 노출되고 있다. 뉴스나 언론 매체에서도 이러한 실태를 보도하는 등 자해는 심각한 사회 문제로 대두되었다. 많은 사람들이 자해의 개념을 어느 정도 알고는 있지만, 잘못 이해하고 있는 경우가 많다. 우리 사회에 여전히 남아 있는 자해에 대한 오해에는 어떠한 것들이 있을까?

사람들이 가장 흔히 하는 오해가 관심을 끌기 위해 자해를 한다고 생각하는 것이다. 그러나 단순히 관심을 끌려고 몇 달, 몇 년 동안 자기 신체에 고통을 주며 비밀스럽게 자해를 하지는 않는다. 그들이 원하는 것은 고통스러운 감정을 빨리 해결하고 싶다는 것이다.

자해를 통해서 청소년들은 거의 즉각적인 안도감을 느낀다. 그래서 마음이 진정될 때까지 자해 행동을 계속한다. 그런 의미에서 자해는 청소년들이 스스로 발견한 일종의 감정 조절 방법이라 할 수 있다.

자해하는 청소년은 성적 또는 육체적인 학대를 당한 경험이 있을 것이라고 지레 짐작한다. 사실, 자해는 청소년들이 경험하는 감정적인 고통이 직접적인 원인이다. 그 고통은 일상생활에서 느끼는 학업, 가족 관계, 친구 관계, 낮은 자존감 등 비교적 다른 청소년들도 비슷하게 겪는 스트레스이다.

하지만 자해하는 청소년들은 남들보다 감정적으로 민감한 편이어서 그 고통이 더 크게 다가온다. 게다가 충분히 인정받고 수용되지 못하는 환경 속에서 그들은 점점 더 감정을 조절할 수 없는 상태에 이르게 된다.

이런 오해 때문에 자해하는 청소년들이 적절한 시기에 도움받을 수 있는 기회를 잃기도 한다. 그래서 자해에 대해 제대로 아는 것은 매우 중요하다.

자해와 소셜 미디어는
무슨 상관일까?

어떤 사람들은 자해한 상처를 사진으로 찍어서 에스앤에스에 올리기도 해. 또, 자해를 멈추기 위해서 어떻게 해야 할지 도움을 구하려고 인터넷을 검색하다가 서로 자해를 독려하고 자해 경험담과 방법을 공유하는 사이트를 우연히 발견하기도 하지. 그들은 사진을 공유하며 누구의 상처와 흉터가 가장 심한지 서로 비교하고 자신의 자해 방법을 따라 해 보라고 권하기도 해.

나는 너무나 무서워서 당장 그 사이트들을 빠져나왔어. 다행히 거기에 휘말리지 않았지만 사람에 따라 이런 것들에 빠지기도 해. 특히, 현실에서 자신을 이해해 줄 수 있는 대화 상대가 없는 사람들은 더더욱 빠져들기 쉬워.

그렇다고 에스앤에스가 나쁘기만 한 건 아니야. 가끔은 전화 통화나 얼굴을 마주하고 이야기하는 것보다 인터넷으로 도움을 요청하기가 훨씬 쉽거든.

하지만 인터넷에서 대화를 할 때는 상처 사진이나 구체적인 자해 방법을 공유하지 않도록 신경 써야 해. 의도치 않게 다른 사람을 괴롭게 만들거나 자해를 부추길 수 있으니까 말이야.

인터넷에서 자해에 대한 정보를 찾을 때는 항상 조심해야 해. 나쁜 마음을 가지고 접근하는 사람들도 있을 수 있으니까 말이야. 웹 사이트를 누가, 어떤 목적으로 만들었는지 살펴봐야 해. 대개 건강 전문 기관이나 교육 기관, 자선 기관에서 운영하는 웹 사이트에서 가장 실용적이고 건전한 정보를 찾을 수 있어.

예를 들어 '청소년사이버상담센터(www.cyber1388.kr)'나 지역별로 운영되는 '청소년상담복지센터' 홈페이지와 같이 전문 상담사와 직접 채팅을 하며 도움을 받을 수 있는 웹 사이트들이 있어.

굉장히
외로울 수 있어

자해를 하면서 큰 외로움을 느낄 수 있어.
그 누구도 내가 자해하는 것을 이해하지 못할 거라 생각하는 거지.
친구나 가족, 학교 선생님, 심지어 의사 선생님조차도.
사람들에게 자해 사실을 말하고
그들이 받아들일 여지를 갖게 되기 전까지는 말이야.

그래도 버디가 있어서
혼자인 기분이 덜해.

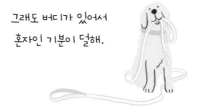

왜
자해를 할까?

사람들이 자해하는 이유는 굉장히 다양해.
자해 때문에 힘든 시간을 보내는 사람을 알고 있다면,
그 사람이 왜 자해하는지 어떠한 어림짐작도 하지 않았으면 해.

자해에 대해 그들이 직접 이야기하게 해 줘.

그들조차 자해에 대해 제대로 이해 못 하고 있을 수 있어.

하지만 말하면서 스스로를 더 잘 이해하게 되고, 혼자라는 느낌이 줄어들 거야.

너 역시 그들을 더 잘 이해하게 되고 말이야.

사람마다 다르지만, 삶이 혼란스럽거나, 스트레스를 받거나,

감정을 조절하기 어렵다고 느껴질 때 자해를 해.

그렇다면 왜 자해를 하는 걸까?

도피

자해는 걱정들로부터 잠깐 탈출할 수 있는 도피처가 될 수 있어.

감정 풀기

살 것 같아.

자해는 부풀어진 풍선에서 공기를 약간 빼내는 것처럼
터지기 직전의 감정을 누그러뜨릴 수 있어.

감정의 고통보다 신체의 고통

잠시라도
괴로운 마음을
다 잊고 싶어.

신체의 고통이 감정의 고통을 덜어 내는 수단이 될 수 있어.
이렇게 자해는 감정이나 마음의 상처를 대처하기 위한 방법으로 사용돼.

처벌

넌 왜 이것밖에 못해?

널 탓해야지
누구를 탓해?

벌받을
준비는 됐지?

자신의 기대에 미치지 못했을 때 자해를 처벌 도구로 사용하기도 해.
스스로 너무 높은 기준을 설정했거나 벌을 받은 경험으로 인해
자신이 벌을 받아 마땅하다고 생각하는 거지.

어쩔 도리가 없을 때

그래. 모두
내 탓이야.

때때로,
문제에 대처하는 더 나은 방법을 몰라서 자해하기도 해.

자해의 위험 신호

자해를 시도할 가능성이 있는지, 이미 하고 있는지 살펴볼 수 있는 위험 신호가 있다.

우선 자존감이 낮고 자책이 심하거나 스스로 감정을 조절하기 어려워하는지 살펴봐야 한다. 대인 관계를 힘들어하고 혼자서 문제를 해결하려는 성향이 강한 것도 자해의 요인이 될 수 있다.

또한, 커터 칼이나 날카로운 물건을 가지고 학교 화장실이나 자기 방 등에서 오래 시간을 보내거나, 더운 날씨에도 팔 토시를 하거나 긴 소매 옷을 고집하고, 짧은 옷을 입기 싫어하고, 글이나 그림에 자해를 의미하는 내용을 표현하거나 자해와 관련된 동영상과 음악을 자주 청취하는 것도 자해의 신호로 볼 수 있다.

물론 이러한 신호가 전부 자해를 뜻하는 것은 아니지만, 위의 행동이 도드라진다면 세심하게 관찰할 필요가 있다.

자해와
자살

"죽고 싶지 않아."

자해로 인해 힘든 시간을 보내는 많은 사람들도 역시 같은 마음일 거야.

나만
이렇게 힘든 건가?
지금보다 더 멋지게
살고 싶어.

어찌 보면 자해는 주로 살려고 하는 경우가 많아.

한 시점에서 다음 시점까지 버틸 수 있도록 삶에 대처하는 방법인 거지.

사람들은 몸에 상처를 입히거나 약물을 과다 복용하는 사람들을 보면
그들이 자살하려는 마음이 있다고 생각해.
실제로 그런 사람도 있지만, 그렇지 않은 사람이 훨씬 많아.
자해를 하는 사람과 대화를 해 봐야 확실히 알 수 있어.

하지만 분명한 건 자해를 해 본 사람이 안 해 본 사람보다
자살 시도를 할 위험성이 더 높다는 거야.
특히, 자해의 원인이 되는 경험과 감정이 정리되지 않고,
조절되지 않는다면 더더욱 그렇다고 볼 수 있어.

제발 누가 날 좀 도와줘!

그래서 자해하는 사람들은
자신의 문제를 다른 사람과 이야기 나누고, 필요한 경우 도움을 받아야만 해.
자해를 진지하게 받아들이고,
다른 사람들의 도움과 보살핌 그리고 이해를 받는 게 중요해.

자살을 전혀 생각해 본 적이 없더라도
자해는 현재 의학계에서
추후 자살의 가장 강력한 예측 요인으로 받아들여지고 있어.

자해는 시간이 지날수록 상황이 나아질 수도, 나빠질 수도 있어.

때로는 겨우 몇 분일지라도 자해가 그 시간을 버틸 수 있는
단 하나의 방법처럼 느껴지기도 해.
죽고 싶다는 게 아니야.
자해가 지금 당장 내 감정을 조절하고 살 수 있는 가장 좋은 방법이었던 거야.

하지만 상황이 나아지지 않고, 더 나빠지면
죽고 싶은 감정이 점점 스며들기 시작해.

예전에는 자해를 실패한 자살 시도로 보는 시각이 있었다. 그러나 삶을 끝내려는 자살 시도와 달리 삶을 유지하기 위해 자해를 하기도 한다. 실제로 자살을 하려고 자해하는 비율은 약 10퍼센트 정도이고 그 외 자살을 의도하지 않은 자해는 '비자살성 자해'라고 한다.

자해는 사람들이 자신의 감정을 조절하기 위해 찾아낸 방법의 하나이다. 즉, 사람들은 마음의 고통을 신체의 고통으로 전환하여 지금의 힘든 순간을 넘기려고 한다. 몸에 상처를 내다 보면 마음의 상처를 잊을 수 있고, 그게 더 낫다고 여기기 때문이다.

세계 각국에서 정신 장애 기준으로 널리 사용하고 있는, 미국 정신의학협회에서 발행한 DSM-5(정신 질환 진단 및 통계 편람)에서는 '비자살성 자해'를 어떠한 성격 장애 유형에 포함하지 않고 따로 분리하였다. 하지만 이를 질병화하기에는 아직 논의가 더 필요한 단계이므로 정식 진단이 아닌 연구 진단으로 표기하였다. 그만큼 자해는 표준화하기 쉽지 않고 양상이 다양하다는 점을 염두에 두어야 한다.

◆ DSM-5 비자살성 자해 진단 기준

A ─────────────────────────── □

지난 1년간 5일 또는 그 이상, 신체 표면에 고의적으로 출혈, 상처, 고통을 유발하는 행동을 자신에게 스스로 가하며, 이는 단지 경도 또는 중등도의 신체적 손상을 유발할 수 있는 자해 행동을 하려는 의도에 의한 것이다. (즉, 자살 의도가 없음)

주의점　자살 의도가 없다는 것이 개인에 의해 보고된 적이 있거나, 반복적인 자해 행동이 죽음에 이르게 하지 않을 것이라는 점을 개인이 이미 알고 있었거나 도중에 알게 된다고 추정된다.

B ─────────────────────────── □

개인은 다음 중 하나 또는 그 이상의 기대하에 자해 행동을 시도한다.

ⓐ 부정적 느낌 또는 인지 상태로부터 안도감을 얻기 위하여
ⓑ 대인 관계의 어려움을 해결하기 위하여
ⓒ 긍정적인 기분 상태를 유도하기 위하여

주의점　개인은 원했던 반응이나 안도감을 자해 행동 도중에 또는 직후에 경험하게 되고, 반복적인 자해 행동에 대한 의존성을 시사하는 행동 양상을 보일 수 있다.

C

다음 중 최소한 한 가지와 연관된 고의적인 자해 행동을 시도한다.

- **a** 우울, 불안, 긴장, 분노, 일반화된 고통, 자기 비하와 같은 대인 관계의 어려움이나 부정적 느낌 또는 생각이 자해 행위 바로 직전에 일어남
- **b** 자해 행위에 앞서, 의도한 행동에 몰두하는 기간이 있고 이를 통제하기 어려움
- **c** 자해 행위를 하지 않을 때도 자해에 대한 생각이 빈번하게 일어남

D

행동은 사회적으로 용인되는 것(예를 들어, 보디 피어싱, 문신, 종교적 또는 문화적 의례의 일부 등)이 아니며, 딱지를 뜯거나 손톱을 물어뜯는 것에 제한되지 않는다.

E ─────────────────── ☐

행동 또는 그 결과는 대인 관계, 학업 또는 다른 중요한 기능
영역에서 임상적으로 현저한 고통이나 방해를 초래한다.

F ─────────────────── ☐

행동은 정신병적 삽화, 섬망, 물질 중독 또는 물질 금단 기간
에만 일어나는 것이 아니다. 신경 발달 장애가 있는 개인에게
서는 반복적인 상동증*의 일부로 나타나는 것이 아니다. 또한,
자해 행동이 다른 정신 질환이나 의학적 상태로 더 잘 설명되
지 않는다.[정신병적 장애, 자폐 스펙트럼 장애, 지적 장애, 레쉬-니
한 증후군, 자해를 동반하는 상동증적 운동 장애, 발모광(털 뽑기 장
애), 피부 뜯기 장애]

● 상황과 관계없는 무의미한 행동을 계속하는 것. 예를 들어 몸 흔들기, 손 움직이기 등.

만약 본인이 위의 기준에 해당하거나 주변에 그러한 사람이 있
다면, 학교 상담 교사나 정신 건강 센터 및 정신 건강 의학과 병원
을 방문해서 전문적인 상담을 받아 보기를 권한다. 자해를 방치할
경우 마음의 병이 더욱 깊어질 수 있다.

자해는 멈추기가 매우 힘들 수 있어. 따라서 반복적으로 자해를 하는 사람들은 자해로 인해 생명에 지장을 주지 않는 방법과 상처를 치료하는 방법을 배워 두는 게 좋아. 안타깝게도 상처 부위가 감염되거나 자신의 의도보다 상처가 심하면 상황이 심각해질 수 있으니까 말이야.

우리 보건 선생님은 자해에 사용한 도구들을 소독해서 감염을 막을 수 있도록 하라고 조언해 주셨어. 상처를 어떻게 소독하고 치료해야 하는지도 가르쳐 주셨지. 그리고 하나 더 알려 주셨어. 그건 바로 자해를 너무 심하게 하거나, 과다 출혈이 발생했을 때 생길 수 있는 쇼크를 알아차리는 법이야.

쇼크가 오면 정신을 잃고 기절을 하게 될 수 있는데, 이때 쓰러지면서 주변에 있는 사물이나 바닥에 머리를 부딪칠 위험이 있어. 그래서 보건 선생님은 쇼크가 올 것 같으면, 믿을 만한 어른에게 곧바로 알려야 한다고 하셨어. 몸이 떨리거나,

어지럽고, 속이 메스껍거나, 몸이 땀으로 축축해진다거나, 호흡이 빨라지는 것이 쇼크의 신호라고 하셨어. 다행히 나는 상처가 감염되거나 쇼크 상태에 빠진 적은 없지만, 자신을 돌보는 방법을 더 잘 알게 된 것 같아.

정기적으로 상처를 검진받는 것도 좋은 생각이야. 보건 선생님을 뵈러 갈 때마다 내 상처가 잘 아물어 가는지 확인해야겠어.

만약 자해하는 누군가를 알고 있다면, 아마 제일 먼저 그만하라고 말하고 싶을 거야. 하지만 자해를 멈추는 건 두 가지 이유로 매우 어려워.

첫 번째 이유는 자해를 하면 자기가 바라는 상태로 가게 돼. 기분이 나아지고 싶어서, 힘든 감정이나 경험에 대처하고 싶어서 자해를 하는 거지.

두 번째는 오랫동안 어떤 행위를 계속하다 보면 습관이 될 수 있어. 손톱을 물어뜯는 것처럼 말이야. 그런데 자해를 하면 기분이 좀 나아지니까 다른 습관들보다 중독성이 높을 수밖에 없어.

그래서 누군가 당장 자해를 그만두라고 말한다고 해도 자해가 바로 멈추어지지는 않아. 자해를 멈추기 위해서는 현재의 자해를 건강한 방식으로 대체할 수 있는 그 무언가가 필요해. 예를 들어 자해하고 싶을 때, 나무젓가락을 부러뜨리거나 연필이나 볼펜으로 종이를 찢거나 긁는 등 다른 방식으로 자해를 대체해 보는 거지.

자해는 하룻밤 사이에 일어나는 일이 아니야. 그래서 꾸준히 도움을 받으면서 자해하는 횟수와 강도를 줄여 나가야 해. 자해 방식 또한 생명을 위협하지 않도록 개선해야 하지. 하지만 그 무엇보다 자기 자신을 진심으로 이해하고, 자해의 원인이 무엇인지 알아보면서, 대처 방안을 찾는 데에 시간을 들여야 해.

또, 자해를 멈추었다고 해서 안심해서는 안 돼. 자해 경험이 있는 학생의 60퍼센트는 다시 자해를 한다고 해. 그래서 자해를 한 적이 있는 사람들은 주변에서 꾸준히 관심을 갖고 지켜봐 줘야 해.

자해
대처하기

누가 도움을 줄 수 있을까?

어떤 치료가 가능할까?

어떻게 악순환을 끊을 수 있을까?

자해의 건강한 대안은?

어떻게 주의를 다른 곳으로 돌릴 수 있을까?

친구가 돕는 방법

가족이 돕는 방법

전문가가 돕는 방법

다음 단계는?

자해에 관해 이야기하기

누가
도움을 줄 수 있을까?

사람들은 때때로 자해를 입 밖에 내기 두려워해. 주변에 친구나 가족이 자해를 하는 경우 도움을 주고 싶어도 어떻게 말하고 행동해야 할지 몰라 쩔쩔매기도 하지. 그런데 자해하고 싶은 충동을 느낄 때, 함께 생활하고 있는 사람들이 자해하려는 사람의 이야기를 듣고 이해하려고 하고, 지지해 주는 것만으로도 큰 도움이 될 수 있어.

친구와 가족 그리고 선생님 등이 지금 내 상황을 알고 있다면 도움을 요청하기가 더 쉬우니까 말이야. 힘든 순간에는 대화할 수 있는 상대가 있다는 사실만으로도 많은 도움이 되지.

그렇지만 가장 좋은 것은 상담사나 이 분야에 특화된 사람에게 전문적인 지원을 받는 거야. 생명에 위협을 줄 수 있는 자해 행동을 오랜 기간 지속하였거나, 점점 더 심해지고 있거나, 약물 남용을 하는 경우라면 더더욱 전문적인 도움이 필요하다고 볼 수 있어.

정신 건강에 문제가 있을 때는 정신 건강 전문가나 상담사의 도움이 필요해. 사람들은 눈에 보이는 상처에 대해서는 위험을 감지하면서도 우울, 불안, 식이 장애 등 눈에 보이지 않는 질환의 위험을 간과할 때가 있어. 어쩌면 눈에 보이지 않는 상처가 더 위험하고 고통스러울 수도 있는데 말이야.

처음에는 다른 사람에게 내가 자해를 했다는 사실을 말하기가 엄청 힘들었어. 자해를 한 것에 대한 죄책감과 부끄러움 때문에 말이야. 하지만 한번 이야기를 꺼내기 시작하자, 자해를 멈추기가 수월해졌어.

만약 자해 때문에 힘겨운 시간을 보내고 있다면, 믿을 수 있는 사람과 대화해 보라고 조언하고 싶어. 부모님이나 선생님, 혹은 친구가 될 수도 있겠지. 단지 몇 분 동안만이라도 누군가 내 이야기를 마음을 다해 들어 준다고 느끼면 기분이 좋아질 거야.

어떤 치료가
가능할까?

대화를 중심으로 이루어지는 인지 행동 치료, 그중에서도 변증법적 행동 치료(Dialectical Behavior Therapy)가 자해하는 사람에게 효과가 있다는 주장이 증가하고 있어. 하지만 나에게 잘 맞는 치료법을 알 수 있는 가장 좋은 방법은 의사 선생님이나 학교에 문의하는 거야. 그들은 자해하는 사람들에게 어떤 위험성이 있는지를 비롯해서 우울함이나 불안, 식이 장애 등 증상에 따라 또 다른 치료가 필요한지 잘 알고 있거든.

　우리가 이용할 수 있는 치료는 장소와 공간에 따라 다양해. 온라인 상담, 대면 상담 또는 그룹 치료 등을 포함해서 말이야. 자해로 인해 도움이 필요한 모두가 숙련된 건강 전문가에게 신속하게 도움을 받을 수 있는 세상이라면 이보다 완벽할 수 없겠지. 하지만 아쉽게도 자해하는 사람과 학교와 병원이 늘 그만큼의 경제적 여유가 있지는 않아. 그래서 어떤 사람들은 전문적인 치료를 전혀 받지 못하거나 꽤 오랫동안 기다려야 할지도 몰라. 만약 친구와 가족이 자해 행동을 이해하고 도와주기 불가능하다고 느낀다면, 특히나 더 힘들어지겠지.

전문가에게 당장 도움을 받기 힘든 경우라면 우선 책이나 온라인 사이트를 통해서 도움을 받는 것이 좋아. 이 책의 마지막 부분에 도움을 줄 수 있는 도서, 웹 사이트, 기관 들의 정보를 적어 두었으니 꼭 확인하길 바라.

전문가는 대개 3~12회 정도 상담을 진행해. 대체로 대화를 많이 하면서 왜 자해하고 싶다고 느끼는지 파악하려 하지. 이를 통해서 상황을 이해하고 우리의 상황과 감정을 바꾸거나 조절할 수 있는지 함께 고민해.

상담은 주로 기술에 중점을 둬. 그러니까 자해에 대해 이야기하면서 여러 상황에 도움이 될 만한 기술을 배울 수 있는 거야. 자해할 정도로 감정이 쌓이지 않도록 조절하고 감정을 이해하는 기술과 함께 자해를 대신할 수 있는 건강하고 다양한 방법들 역시 알아 갈 수 있을 거야.

또한, 우리를 자해로 이끄는 생각에 질문을 던져 볼 수 있도록 도와줘. 예를 들어, 자신이 처벌받아 마땅하다고 생각해 자해를 한다면, 전문가는 우리가 스스로 그 생각에 의문을 던지고 그것이 옳은지 그른지 근거를 찾도록 하지. 부정적인 것들을 사실이라고 단정 짓는 대신 자신에게 묻는 법을 배운다면 자해 충동이 때때로 그리 강하게 느껴지지 않을 거야. 물론 오랜 시간과 연습이 필요해.

전문가의 도움 없이도 친구와 가족 그리고 선생님 등 믿음직스러운 사람들에게 보살핌과 지지를 받으면서 자해를 극복하는 사람도 많아. 실제로 내가 아는 친구는 학교에서 알아주는 문제아였는데 체육 선생님께서 힘들 때마다 찾아오라고 하셨대. 선생님께서 마음을 다해서 그 친구의 말을 들어주시고 가끔 운동도 같이 해 주셨거든. 친구는 선생님과 지내면서 점점 학교에 잘 적응하게 되었고, 자해 또한 줄여 나가면서 결국은 자해를 그만두게 되었어.

하지만 어떤 사람이 심하게 자해를 하거나, 자살할 마음을 먹었다면 즉시 병원이나 의사에게 데려가야 해. 병원에 다녀왔는데도 상황이 나아지지 않고 나빠지는 게 분명하게 보인다면 다시 또 의사를 찾아가 도움을 요청해야 해.

변증법적 행동 치료는 미국 심리학자 교수 마르샤 리네한이 동료들과 함께 감정 조절이 힘들고 행동에 어려움을 겪는 사람들을 돕기 위해 만든 인지 행동 치료 중 하나이다. 이들은 자해하는 사람들이 의지가 부족해서가 아니라 스스로 감정을 조절할 수 있는 기술이 부족하기 때문에 자해를 하는 거라고 보았다. 그래서 자해에 대한 왜곡된 시각을 바로잡는 한편, 고통스러운 감정들을 가라앉히고 바꿀 수 있는 기술과 새로운 행동을 익힐 수 있는 치료법을 고안해 낸 것이다.

　　변증법적 행동 치료는 사람들이 고통스러워하는 감정과 행동 문제를 스스로 인정하고, 그에 대한 대처 방법으로 자해를 대신할 수 있는 새로운 행동 능력을 기를 수 있게 하는 것이다.

　　주요 방법으로는 '마음 챙김, 고통 감내, 감정 조절, 대인 관계 효율성, 중도의 길 걷기'가 있다. 여기에서는 이 중 혼자서도 쉽게 따라 할 수 있는 세 가지 기술에 대해 알아보고자 한다. 자기에게 가장 잘 맞는 것을 습관으로 만들어 보자.

1

마음 챙김

마음 챙김은 자신의 몸과 마음 그리고 지금의 상황을 있는 그대로
받아들이는 것이다. 과거의 기억이나 미래에 대한 걱정을 내려놓
고 지금, 이 순간에 집중해 보자.

● 관찰하기
   ○ 지금 이 순간 무엇이 느껴지는지 살펴본다.
   ○ 생각과 감정이 나타났다가 사라지는 흐름을 지켜본다.

● 묘사하기
   ○ 관찰한 것을 말로 해 본다.
   ○ 관찰한 것을 해석하지 말고 단지 묘사해 본다.

● 참여하기
   ○ 지금 하고 있는 행동과 느껴지는 감정에 온전히
      마음을 다한다.
   ○ 과거나 미래를 떠올리지 않는다.
   ○ 지금 하는 것이 무엇이든 차분히 집중한다.

2

자기 진정 기술

자기 진정 기술은 시각, 청각, 후각, 미각, 촉각, 이렇게 다섯 가지 감각마다 자신이 즐겁다고 느끼는 요소를 활용하는 기술을 가리킨다. 예를 들어 기분을 좋게 만드는 경치를 보거나(시각), 좋아하는 소리를 듣거나(청각), 향이 좋은 로션 냄새를 맡거나(후각), 맛있는 음식을 먹거나(미각), 질감이 좋은 물건을 만지는(촉각) 등의 활동이 있다. 이 방법은 극심한 감정을 살짝 진정시키는 효과가 있다. 기분이 좋다고 느꼈던 것들을 각각 다섯 가지씩 적어 보자.

시각	
청각	
후각	
미각	
촉각	

3

티아이피피(TIPP) 기술로 감정 조절하기

티아이피피(TIPP) 기술은 온도(Temperature), 강렬한 운동(Intensive exercise), 걷기 호흡법(Paced breathing), 짝지은 근육 이완(Paired muscle relaxation), 이 네 가지로 감정을 조절하여 몸을 차분한 상태로 이르게 하는 것을 말한다. 아래의 설명대로 따라 해 보자.

● 온도

차가운 물이나 얼음이 담긴 그릇에 얼굴을 담그고 숨을 최대한 참는다. 1~2회 반복한다.

● 강렬한 운동

약 20분간 격렬하게 몸을 움직여서 심장 박동을 상승시킨다.

● 걷기 호흡법
차분히 걸으며 들숨보다 2~3배 더 많이 내쉰다. 편안하다고 느끼는 지점이 올 때까지 반복한다.

● 짝지은 근육 이완
근육에 힘을 줬다가 날숨과 함께 긴장감을 푼다. 머리끝부터 시작해서 천천히 몸 아래로 내려오면서 점차 근육을 풀어 준다.

어떻게
악순환을 끊을 수 있을까?

나는 어쩌다 우연히 자해를 시작하게 되었지만, 시간이 흐르면서 내 감정에 대처하는 수단으로 자해를 점점 더 의지하고 있다는 것을 알게 되었어. 그러다 보니 자해에서 벗어나기가 힘들었어.

나는 머릿속이 죄책감과 수치심으로 가득 차게 되면 자해를 했어. 내가 느끼는 감정을 어떻게 다스려야 하는지, 또 어떻게 대처해야 하는지 전혀 몰랐어. 그렇다 보니 감정은 마치 끓는 물처럼 갑자기 달아올랐지. 그 끓어오른 순간이 위기의 순간이었고, 그때가 바로 내가 자해를 하는 순간이었어.

자해를 하면, 잠깐은 기분이 편해지고 나아졌지만 오래가지 않았어. 감정이 사그라지면 내가 나에게 한 짓을 보고 다시금 후회와 죄책감, 수치심 등의 감정들이 뒤섞였지. 다른 사람들은 어떻게 감정을 잘 조절하는지, 나는 왜 그러지 못하는지, 주변 사람들을 실망시킨 것은 아닌지 고민했어. 이런 생각과 감정이 원래 있던 감정 위에 쌓였지.

결국 자해가 상황을 더 악화시킨 거야. 하지만 난 여전히 힘든 감정에 대처하는 다른 방법을 알지 못했어. 그래서 다시 자해하곤 했어. 물론 잠깐 기분이 편해지는 거였지만, 그래도 기분이 나아지는 유일한 방법이었으니까. 그렇게 자해는 계속되었지.

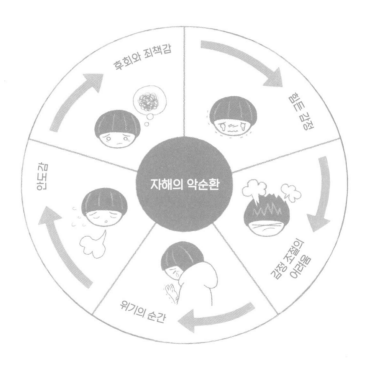

다행히 상담사의 도움으로 자해의 악순환을 끊어 내는 법을 배웠어. 자해의 악순환을 끊기 위해서는 우선 자해로 이끄는 감정이 생기지 않도록 내 삶을 바꿀 필요가 있었어. 나는 그동안 나를 괴롭게 했던 소셜 미디어 앱 사용을 멈추고, 모임이나 운동 같은 새로운 취미 생활을 시작하는 등 내가 할 수 있는 몇 가지를 시도해 봤어.

하지만 수행 평가와 시험은 계속 나를 힘들게 했어. 나는 대처하는 방식을 바꾸면 자해의 악순환을 끊을 수 있다는 상담사의 말을 기억해 냈어. 그래서 건강하지 못한 대처 방식인 자해 대신에 더 건강하고 새로운 방식을 배워 나가기 시작했어. 그 결과 나는 나의 감정을 더 잘 이해하고 관리하기 시작하면서 위기 상황에 자주 도달하지 않게 되었고, 자해하는 횟수 역시 줄어들고 있어. 이제 나의 감정은 더는 많이 끓어오르지 않아.

자해의
건강한 대안은?

자해를 멈추게 하는 효과적인 방법은 사람마다 상황마다 다 달라. 며칠 전에는 전혀 효과가 없었던 것이 지금에 와서 효과적일 때도 있어. 그러니까 유연하게 이것저것 새로운 것을 시도해 보는 게 좋아. 그러기 위해서는 다양한 대처 방법을 생각해 내야 해.

자해를 효과적으로 대체하는 방법은 자해하는 이유에 달려 있어. 잠시 시간을 가지고 '자해하면 왜 바로 기분이 나아지지?'라고 자신에게 물어볼 수 있다면, 건강한 대안을 찾는 지점의 반은 온 거야. 몇 가지 예를 들어 볼까?

우선 화가 나서 마음의 진정이 필요할 경우에는 잔잔한 노래 듣기, 명상하기, 비눗방울 불기, 크고 깊게 열 번 숨쉬기, 밖에 나가서 눈·코·귀로 느껴지는 모든 것들 세어 보기 등이 도움이 될지 몰라.

내가 만약 벌을 받아야 한다는 생각이 들면, 정말 처벌받아야 하는 일인지 되뇌어 봐. 똑같은 상황에 놓인 친구가 있다면, 나는 그 친구에게 뭐라고 할지 생각해 보면 도움이 될 거야. 이렇게 내가 정말로 처벌을 받을 만한 행동을 했는지 따져 본 뒤에 다르게 행동할 수 있도록 계획을 세우거나, 자해를 행동으로 옮기는 대신 자해하는 모습을 글로 적어 봐도 좋아. 아니면 마음속으로 또는 입 밖으로 크게 소리치는 것도 좋은 방법이야.

하지만 막상 위기 상황이 되면 자해를 대체하는 방법을 떠올리기 어려울 수 있어. 그래서 친구나 힘이 되는 어른과 함께 미리 될 수 있는 대로 많은 아이디어를 찾고 평소에 연습해 두는 것이 좋아. 그러면 감정이 격해졌을 때 훨씬 기억해 내기 쉬워. 정확히 생각이 안 날 때를 대비해서 수첩이나 휴대폰에 메모해 두는 것도 좋겠지.

어떻게
주의를 다른 곳으로 돌릴 수 있을까?

내가 자해에 대해서 배운 또 한 가지는 세상에서 자해가 유
일한 해결책이라 느껴지는 위기 상황이 사실은 상당히 짧다
는 거야. 마치 몸이 계속 비명을 질러서 배출할 통로를 열어
야 할 것 같지만, 몇 분만 버티면 아우성이 점점 잦아들고 마
침내 다시 진정되기 시작해. 몸과 마음이 소란스러울 때 그저
가만히 앉아만 있기란 매우 어려울 수 있어. 그럴 땐 달아오
른 머리를 식혀 줄 무엇이든 시도해 보는 게 좋아. 내가 괜찮
다고 찾아낸 방법은 다음과 같아.

시계 보며 인내하기
휴대폰이나 모래시계를 사용해도
괜찮아. 일단 1분간 자해를 견딜
수 있는지 봐. 그런 다음 2분, 3분
으로 늘려 가는 거야.

좋아하는 노래 부르기

노래 한 곡이 끝날 때까지 자해 안 하기에 도전해 보는 거야. 첫 곡을 해내면 두 번째 곡도 할 수 있지 않을까?

신체 활동하기

팔 벌려 뛰기를 100번 할 수 있나 보는 거야. 이것은 추가적으로 내 몸의 긴장을 덜어 주는 장점도 있어.

대화하기
말하기 불편하면 사람들에게 내가 자해를 안 하려고 애쓰는 중이라고 알릴 필요는 없어. 다만, 정말 도움이 필요한 순간에는 한밤중이라도 정신건강위기 상담 전화(1577-0199) 또는 보건복지상담센터(129), 자살예방 상담 전화(1393)에 전화하면 내 말을 들어 줄 사람이 있어.

소리 들으며 산책하기
학교나 집 근처에 공원이 있다면 천천히 걸으면서 소리를 들어 보도록 해 봐. 흙을 밟는 소리, 새가 지저귀는 소리, 바람에 흔들리는 나뭇가지들의 소리를 듣다 보면 기분이 상쾌해질 거야. 벤치에 앉아서 잠시 쉬어도 돼.

글이나 그림으로 마음 표현하기

마음에 귀를 기울여 보고 떠오르는 것을 글로 적어 보거나 그림으로 그려 봐도 좋아. 어떤 형식이든 상관없어. 낙서라도 괜찮아. 종이를 채워 갈수록 잡다한 생각이 차츰 사라질 거야.

자해를 대체하거나 주의를 분산시키는 방법은 효과가 있을 때도 있고 없을 때도 있어. 뭐라도 상관없어. 나는 자해하지 않고 넘어갈 때마다 내가 자랑스러워. 가까스로 이겨 냈잖아. 그리고 나를 지지해 주는 친구나 가족, 어른들이 내가 자해를 이겨 낸 바로 그때 얻은 교훈을 중요하게 여겨 주는 것이 참 좋았어. 때로 새로운 상처를 내서 나 자신도 좌절하고 주변을 실망하게 한 것에 화를 내는 것보단 말이야.

호흡법과 이완법

신체적 긴장은 심리적 긴장과 매우 밀접하게 연결되어 있다. 그래서 스트레스를 받을 때, 신체 이완 기법을 적절히 사용하면 큰 도움을 받을 수 있다.

기본 호흡법

호흡은 우리 삶의 기본이다. 감정이 혼란스럽고 스트레스를 많이 받으면 긴장도가 올라가고 호흡 역시 얕고 가빠진다. 삶의 리듬을 되찾고 몸과 마음의 균형을 이루기 위해서는 편안하게 숨 쉬는 방법을 연습할 필요가 있다. 다양한 호흡법 중에서 가장 기본이 되는 절차를 아래에 소개하였다. 적어도 한 달 이상은 꾸준히 반복하여 연습하면서 자신에게 가장 편안한 숨 쉬기 방법을 찾아보기 바란다.

1 편안한 자세를 잡는다.
2 얼굴, 목, 어깨, 허리를 가볍게 움직이며 몸의 힘을 뺀다.
3 숨을 천천히 깊게 마신다.

4 숨을 내쉴 때 공기를 마신 시간보다 더 길게 내보낸다.

5 온몸의 공기가 다 빠져나가면 다시 숨을 천천히 깊게 마신다.

6 다시 공기를 마신 시간보다 더 길게 숨을 내쉰다.

7 이 과정을 반복한다.

8 천천히 몸을 움직이며 일어난다.

천천히 깊게 숨 마시기   마신 시간보다 더 길게 숨 내쉬기

점진적 근육 이완법

미국의 의사인 제이콥슨이 스트레스와 긴장 상태를 낮추기 위해 소개한 이완법이다. 신체와 정신, 감정과 생리는 서로 연결되어 있다는 개념을 바탕으로 하여 근육을 이완시키면 마음의 긴장도 완화된다는 원리로 고안되었다. 우리 몸의 근육군을 여덟 가지 부분으로 나누어 단계에 따라 각각의 근육군을 긴장시켰다가 이완하는 방식으로 실시한다. 각 단계를 실시할 때는 해당 근육 이외의 부분이 긴장되지 않도록 유의한다.

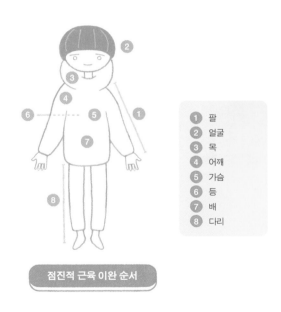

1 팔
2 얼굴
3 목
4 어깨
5 가슴
6 등
7 배
8 다리

점진적 근육 이완 순서

1

앉거나 누워서 몸에 힘을 빼고 편안한 자세를 잡는다. 숨을 깊이 들이
마셨다가 천천히 내쉬기를 3~5번 반복하며 호흡을 가다듬는다.

2 오른팔

오른손의 주먹을 쥐고 손목을 안쪽으로 꺾은 후 팔 전체를 구부려 5~8초간 긴장시킨다. 그런 다음 한 번에 힘을 풀어 주며 15~20초간 오른팔이 이완되는 감각을 차분히 느낀다.

3 왼팔

왼손의 주먹을 쥐고 손목을 안쪽으로 꺾은 후 팔 전체를 구부려 5~8초간 긴장시킨다. 그런 다음 한 번에 힘을 풀어 주며 15~20초간 왼팔이 이완되는 감각을 차분히 느낀다.

4 얼굴

눈을 질끈 감고 입을 옆으로 쭉 늘리며 턱에 힘을 주어 얼굴 전체의 근육을 5~8초간 긴장시킨다. 그런 다음 한 번에 힘을 풀어 주며 15~20초간 얼굴 전체가 이완되는 감각을 차분히 느낀다.

5 목과 어깨

양어깨를 귀밑까지 힘껏 올려 목과 어깨를 5~8초간 긴장시킨다. 그런 다음 한 번에 어깨를 내리면서 힘을 풀어 주며 15~20초간 목과 어깨가 이완되는 감각을 차분히 느낀다.

6 가슴과 등

가슴을 열고 어깨를 활짝 펴서 가슴과 등 근
육을 긴장시킨다. 숨을 끝까지 크게 들이
마시고 들숨이 최고조에 달하면 숨을 참고
5~8초간 긴장감을 유지한다. 이어서 숨을
한 번에 내뱉으며 힘을 풀어 준다. 그런 다음
15~20초간 가슴과 등이 이완되는 감각을
차분히 느낀다.

7 배

숨을 크게 끝까지 들이마시면서 배를 풍선
처럼 부풀린다. 들숨이 최고조에 달하면 숨
을 참고 5~8초간 긴장감을 유지한다. 이어
서 숨을 한 번에 내뱉으며 힘을 풀어 준다.
그런 다음 15~20초간 배가 이완되는 감각
을 차분히 느낀다.

8 오른 다리

오른 다리를 살짝 올려 발목이 몸을 향하도록 꺾는다. 종아리와 허벅지까지 다리 전체에 힘을 주어 5~8초간 긴장시켰다가 한 번에 힘을 풀어 준다. 그런 다음 15~20초간 오른 다리가 이완되는 감각을 차분히 느낀다.

9 왼 다리

왼 다리를 살짝 올려 발목이 몸을 향하도록 꺾는다. 종아리와 허벅지까지 다리 전체에 힘을 주어 5~8초간 긴장시켰다가 한 번에 힘을 풀어 준다. 그런 다음 15~20초간 왼 다리가 이완되는 감각을 차분히 느낀다.

10

편안한 자세에서 깊고 편안하게 호흡하
며 몸 전체에 퍼지는 이완감을 느끼면서
머무르고 싶은 만큼 머문다.

11

깨어나고 싶을 때 심장에서 먼 부분(얼굴,
목, 손, 발)부터 천천히 몸을 움직이고 기
지개를 켠 후 일어난다.

친구가
돕는 방법

친구로서 할 수 있는 가장 중요한 일은 계속 관계를 유지하면서 이전과 다름없이 대하는 거야. 함께 고민을 나누고, 어려운 감정을 다룰 수 있는 안전하고 건강한 방법들을 생각하면서 시간을 보낼 수 있다면 더 좋겠지. 만약 상황이 너무 나빠진다고 생각되면, 그것을 대처할 수 있는 건강한 방법들을 몇 가지 상기시켜 줘도 좋을 것 같아.

또 다른 중요한 일은 부모님, 선생님, 의사처럼 믿을 수 있는 어른에게 필요한 도움과 지원을 받도록 해 주는 거야. 이게 친구로서 할 수 있는 마지막이라고 느껴질 수도 있어. 친구가 자해한다는 비밀을 지켜 달라고 부탁할 수도 있지만, 멀리 보면 너에게 고마워할 거야.

사실은 그게 바로 내 친구 사이먼에게 내가 자해한다고 말했을 때 일어난 일이야. 제발 아무에게도 말하지 말라고 간곡히 부탁했지만, 사이먼은 내가 너무 걱정되었고, 자기가 어떻게 도와줘야 할지 몰랐어. 그래서 우리 엄마에게 나의 자해 사실을 말해 버렸어.

처음에는 너무 화가 나서 사이먼과 한동안 말도 섞지 않았어. 하지만 오래지 않아 그가 옳은 일을 했다고 깨달았어. 사이먼은 좋은 친구이지만 엄마나 의사의 역할을 할 수 없기 때문이야.

만약 너에게 자해하는 친구가 있다면, 그 친구가 혼자라는 느낌을 덜 수 있게 부모님이나 선생님 혹은 의사에게 함께 가서 털어놓자고 권유해 봐. 그가 어떤 말을 어떻게 꺼내야 할지 함께 고민해 주고 마음을 다해 같이 있어 줘. 이런 대화가 쉽지는 않겠지만 말이야.

그리고 그저 계속 친구로 남아 줘. 그게 가장 중요한 거야. 자해를 하든 안 하든 나는 여전히 나라는 걸 기억해 줘!

가족이
돕는 방법

나의 이야기를 귀 기울여 들어 주세요. 자해 사실을 말하는 것이 약간 어색하고 시간이 좀 걸릴지도 몰라요. 어쩌면 분노, 슬픔, 심지어 혐오감이나 죄책감 등 다양한 감정이 들 수도 있어요. 내가 자해하는 것이 여러분의 탓이라고 여길 수도 있지만, 이건 여러분이 아닌 나의 일이라는 점을 기억해 주세요.

　내가 왜 그런 행동을 하고 있는지 어떠한 추측도 하지 말고 시간을 갖고 들어 주세요. 함부로 판단하거나 지나치게 반응하지 않도록 노력해 주세요. 차분하게 답해 주고, 내가 스스로 생각하면서 계속 이야기할 수 있게 여유를 준다면(머릿속이 터질 지경이라도 말이에요), 여러분을 믿고 말하면서 자해를 극복하는 단계를 밟아 갈 수 있을 거예요.

　자해를 바로 멈추지 못하더라도 화내지 말아 주세요. 자해하고 싶은 충동을 극복하지 못했던 순간을 부끄러워하기보다 내가 해낸 작은 성공을 뿌듯하게 여길 수 있도록 도와주

82

세요. 만약 일주일 동안 자해하고 싶은 충동이 열아홉 번 있었고, 그중 간신히 한 번을 참아 냈다면, 그 한 번에 초점을 맞춰서 어떤 게 잘됐고 거기서 어떤 것을 배울 수 있는지 생각해 주세요.

가족으로서 자해를 물리적으로 막을 수 없다는 사실이 힘들게 느껴질 수도 있다는 걸 알아요. 그래도, 자해하는 것이 나의 감정을 대처하고 관리하는 방식이고, 가족의 도움과 지지로 바뀔 수 있다는 것 역시 인정하려 노력해 주세요. 자해를 대신할 건강한 대처 방법을 배우기 위해서는 가족의 사랑과 인정 그리고 약간의 시간이 필요하거든요.

전문가가
돕는 방법

선생님, 상담사, 의사와 같이 다양한 분야의 전문가들이 할수 있는 일은 매우 많아요. 모든 사람과 마찬가지로 여러분이 중점을 둬야 하는 건 추측이나 판단 없이 이야기를 들어 주는 거예요.

전문가로서 당신은 특별한 위치에 있어요. 나의 이야기를 정기적으로 또는 도움이 필요할 경우에 들어 줄 수 있지요. 나는 당신과 자해 유발 요인을 토의하면서 날마다 나를 도울수 있는 실질적인 단계를 밟아 갈 수 있을 거예요.

나에게는 눈 떴을 때부터 잠드는 순간까지 전반적인 학교생활에 대해서 굉장히 멋진 대화를 나누었던 선생님이 있었어요. 선생님과 일과를 이야기하면서 어떤 점이 가장 괴롭고 자해하고 싶은 충동을 일으키는지 탐색했고, 그중 어떤 것을 해결할 수 있을지 함께 고민했어요. 때때로 간단하고 매우 실용적인 제안들은 상황을 반전시킬 수 있는 큰 차이를 만들어 냈어요. 수행 평가 기간의 연장, 쉬는 시간에 조용히 있을 수 있는 공간, 아무런 질문과 판단 없이 사용할 수 있는 구급상자 제공 등은 선생님께서 내가 자리를 잡을 수 있도록 도움을 주신 것들이에요.

선생님께서 내 말을 들어 주시고 이해해 주신다고 느꼈어요. 그리고 당시 분명하게 느끼던 압박감을 조금 덜 수 있었어요. 상황이 나아지는 출발점이었지요. 신뢰할 수 있는 어른과 일상의 과제를 어떻게 대처할지 고민하는 게 좋았어요.

다음
단계는?

나는 오랫동안 자해해 왔고,
멈추려면 시간이 좀 걸릴 거야.

하지만 나의 말을 경청하고 돌봐 주며 도와주는 사람들이 있어.

작은 성공에도 축하해 주면서 말이야.

스트레스와 위기를 헤쳐 나갈 실용적인 방법을 찾아 주는

친구와 가족, 전문가와 함께

앞으로 내 자신을 잘 돌볼 수 있을 것 같아.

자해했던 시간은
피부에 남은 흉터와 함께 영원히 기억에 남을 거야.
하지만 현재와 미래에 사랑하는 사람들의 인정을 받으면서,
이 흉터가 실패했던 시간의 상징이 아닌
힘든 일을 이겨 낸 상징으로 받아들여지기를 소망해.

너와 나 모두 상처가 치유되고 흐릿해지길 기대해.
그리고 이걸 극복할 때 얼마나 놀라운 용기와 팀워크가 필요했는지
기억할 수 있기를 소망해.

그렇다면 우리의 다음 모습이 어떨지 판단할 수 있을 거야.

자해에 관해
이야기하기

처음에는 자해에 대해
이야기하기가 두려울 수 있어.

사람들이 나를
이상하게 생각하면
어떡하지.

하지만 다른 사람들의 반응이
내가 상상하는 것보다
나쁘지 않을 수 있다는 걸
인정하고 기억하는 것이 중요해.

주변에 자해로 고생하는 형제자매나 가족, 친구가 있다면
다음과 같은 열 가지 말을 꼭 해 주었으면 해.

혼자가 아니야.

조건 없이 사랑한단다.

물어봐도 돼.

걱정할 거 없어.

괜찮아질 거야.

네 잘못이 아니야.

사람들이 가끔 화난 것처럼 보이는 건
그들이 부족하기 때문이야.

재미있게 놀고 웃어도 괜찮아.

네 이야기를 들을 때마다 늘 좋아.

도움이 필요하면 언제든지 얘기해.

자해를 이야기할 때는
자해를 설명하려는 사람과 그 이야기를 듣는 사람과의 관계,
그리고 듣는 사람의 이해 수준에 따라
솔직하게 접근해야 해. 나는 자해를 수두에 비유해.
어릴 때 대부분 수두를 경험하는데,
몸이 물집과 딱지로 뒤덮여서 심해져야 알아차리지.

이렇게 해서 생긴 상처들은 몸이 회복되면서 낫기 시작해.

하지만 상처 중 일부는 영원히 사라지지 않아.

한두 개의 수두 자국이 남게 되지.

하지만 이 상처가
우리의 삶에 큰 문제가 되지는 않아.

자해는 모든 연령대에서 늘고 있지만, 여전히 많은 사람에게 이야기하거나 도움을 구하기에 매우 불편한 주제이다.

이 책을 읽고 자신이나 소중한 사람을 어떻게 도울 수 있는지 조금 더 잘 이해하고자 노력한다면, 여러분은 자해를 둘러싼 오해와 금기를 깨는 데 일조하고 있는 것이다.

만약 여러분이, 혹은 아끼는 누군가가 자해를 극복하고자 한다면, 부디 너그러이 받아 주길 바란다. 좋은 날들과 나쁜 날들이 있을 것이고, 실수나 실패도 있을 수 있다. 그러나 그것이 결코 여러분이 원점으로 돌아왔다는 의미가 아니다. 나아진다는 것은 겉으로 보이는 게 전부가 아니다.

이 책을 읽은 뒤에도 자해에 관해서 궁금한 게 있다면 나에게 한 줄 평을 보내 주기 바란다. 가장 연락하기 좋은 수단은 트위터이다. 흉터를 안고 자해 충동과 매일 싸우는 사람으로서, 그리고 그 주제를 가지고 연구하고 가르치고 배우는 것에 오랜 시간을 보낸 사람으로서, 항상 당신의 질문에 답변하는 데 최선을 다할 것이다.

　매일은 새로운 시작이다. 깊게 숨을 쉬고 다시 시작해 보자. 행
운을 빈다.

푸키 나이츠미스

옮긴이의 말

　지금껏 정신 건강 의학과 의사로서, 수원시 자살예방센터장으로서 자해하는 청소년들을 참 많이 만났다. 진료실에서나 치료 현장에서 자해를 오픈하고 이야기를 나눌수록 청소년들의 마음이 참 아프다고 생각했다. 아직도 우리는 몸에 상처를 냈다는 현상만 보고 마음을 제대로 보지 못하는 게 아닐까 싶다.

　자해라는 표면 아래에는 청소년들이 마주하는 삶과 현실이 놓여 있다. 사실, 저 역시 청소년들의 삶과 죽음에 관한 이야기를 주로 나누게 된다. 무엇이 이들을 힘들게 만들며 자해로 이어지게 하는지, 결국 이들이 살아가고 있는 삶과 죽음에 대한 태도를 알아보지 않을 수가 없다.

　답답한 마음을 해소하고 다시 한 발짝 내딛기 위해 자해는 아주 효과적인 방법이다. 그런데도 우리가 그것을 권할 수 없는 이유는 자해는 근본적인 해결책이 아니며 건강한 방식이 아니기 때문이다.

　한국 청소년들이 자해하는 실태를 정확하게 들여다볼 수 있는 자료나 연구는 많이 부족하다. 최근 들어 신문 기사나 전문가들의 의견이 실린 자료가 등장하고 있지만, 진짜 현상을 정확하게 반영하고 있다고 보기 어렵다. 개인적으로는 자해를 진단 기준에 넣어서 병명화하는 경향에 의문을 제기하는 편이다. 그보다는 자해를 일으키는 다양한 원인에 좀 더 초점을 맞추고, 자해하는 이들을 이해하며 세심하게 돌볼 필요가 있다.

마침 이 책은 청소년과 가족, 전문가들이 자해를 잘 이해할 수 있게 구성되어 있다. 치료적인 내용은 더 전문적인 서적이 필요하겠지만 전반적으로 자해를 어떻게 바라보고 도울 것인지 알 수 있을 것이다.

초반 번역을 도와준 사랑하는 딸 세은이, 함께 고민하며 작업에 힘써 준 문현호 선생에게도 고맙다는 말을 전한다. 여러분에게 작은 보탬이 되기를 희망한다.

안병은

참고 문헌

도서

마이클 홀랜더 지음, 안병은, 문현호 외 옮김, 《자해 청소년을 돕는 방법》, 그물코, 2017.

캐롤 피츠패트릭, 《A Short Introduction to Understanding and Supporting Children and Young People Who Self-Harm(자해를 하는 아동·청소년의 이해와 지원에 대한 짧은 소개)》, 제시카 킹슬리 출판사, 2012.

푸키 나이츠미스, 《Self-Harm and Eating Disorders in Schools: A Guide to Whole-School Strategies and Practical Support(학교 내 자해 및 식이 장애: 전체 학교의 전략과 실질적인 지원에 대한 연구)》, 제시카 킹슬리 출판사, 2015.

푸키 나이츠미스, 《The Healthy Coping Colouring Book and Journal: Creative Activities to Help Manage Stress, Anxiety and Other Big Feelings(컬러링북과 일기장으로 건강하게 대처하기: 스트레스와 격렬한 감정을 조절하기 위한 창의적인 활동들)》, 제시카 킹슬리 출판사, 2016.

자료

- 《아동·청소년 호흡-이완 프로그램 자연품 매뉴얼》, 충청남도광역정신건강복지센터, 2017.
- 《자해 행동을 보이는 학생을 돕기 위한 교사용 가이드》, 경기도성남교육지원청, 2018.

웹 사이트 (해외)

- cwmt.org.uk
  아동·청소년들의 정서적 안녕과 정신 건강을 지원하기 위해 무료 교육과 자원을 제공하는 정신 건강 자선 단체
- youngminds.org.uk
  아동·청소년, 부모, 전문가를 위한 다양한 정신 건강 문제에 대한 정보

도움을 청할 수 있는 곳

- cyber1388.kr 청소년사이버상담센터
- teen1318.or.kr 서울시 청소년상담복지센터
- spckorea-stat.or.kr 중앙자살예방센터
- csp.or.kr 수원시자살예방센터

넌 혼자가 아니야

자해 제대로 알고 대처하기

초판 1쇄 발행 2020년 09월 30일

글 푸키 나이츠미스, 안병은, 문현호
옮김 안병은, 문현호
그림 음미하다

기획편집 이사 이은아 | **편집** 민가진, 이정미 | **디자인** 강미서 | **마케팅** 구혜지, 한소정

펴낸이 한혁수 | **펴낸곳** 도서출판 다림 | **등록** 1997. 8. 1. 제1-2209호
주소 07228 서울시 영등포구 영신로 220 KnK 디지털타워 1102호
전화 (02) 538-2913 | **팩스** (02) 563-7739 | **전자 우편** darimbooks@hanmail.net
블로그 blog.naver.com/darimbooks | **다림 카페** cafe.naver.com/darimbooks

ISBN 978-89-6177-242-6 (43330)